Demokratik Kongo Cumhuriyeti'nin Doğusundan Yankılar: Sürekli Savaş Ülkesinden Şiirler.

While every precaution has been taken in the preparation of this book, the publisher assumes no responsibility for errors or omissions, or for damages resulting from the use of the information contained herein.

DEMOKRATIK KONGO CUMHURIYETI'NIN DOĞUSUNDAN YANKILAR: SÜREKLI SAVAŞ ÜLKESINDEN ŞIIRLER.

First edition. April 30, 2024.

Copyright © 2024 Marien-Edgard Ngbali BEMI.

ISBN: 979-8224450275

Written by Marien-Edgard Ngbali BEMI.

Also by Marien-Edgard Ngbali BEMI

Échos de l'Est de la République Démocratique du Congo : Poèmes d'une Terre en Guerre Perpétuelle.

Ecos do Leste da República Democrática do Congo: Poemas de uma Terra de Guerra Perpétua.

Echi dall'est della Repubblica Democratica del Congo: poesie da una terra di guerra perpetua.

Demokratik Kongo Cumhuriyeti'nin Doğusundan Yankılar: Sürekli Savaş Ülkesinden Şiirler.

İçerik tablosu

DEDİKASYON

Görkemli dağların ve toprakları boydan boya kat eden nehirlerin gölgesinde, bu sözleri, Demokratik Kongo Cumhuriyeti'nin doğusundaki çatışma kargaşasında hayatları örülen, anlatılamaz olanı bilenlere ithaf ediyorum. Bu sayfaya, sevgi, şefkat ve umutla dolu bir ithafı, bu amansız savaşın çok sayıdaki kurbanıyla dayanışmanın bir sembolünü kazıyalım.

Bedenleri akıl almaz bir şiddete sahne olmuş, görünmez ama derin yaraları olan bu kadınlara, bu dizeleri bir teselli sunusu olarak ithaf ediyorum. Her bir şiir yatıştırıcı bir okşayış, acıyı yumuşatan nazik bir melodi ve iyileşmeye giden yolu aydınlatan bir umut ateşi olsun.

Masumiyetlerinden koparılan ve silahların ağırlığını taşımaya ya da toprağın derinliklerinde çalışmaya zorlanan insanlığımızın değerli hazineleri olan çocuklara, bu satırları asla unutulmayacak bir söz olarak ithaf ediyorum. Bu şiirler, onların baskıcı gerçekliğinde temiz bir nefes, karanlıkta parlayan bir mum olsun ve her çocuğun hayal kurabileceği, büyüyüp gelişebileceği bir geleceği müjdelesin.

Ve size, Dr. Denis Mukwege, fiziksel ve ruhsal onarımın yorulmak bilmez zanaatkârı, saygılarımı sunuyorum. Panzi Hastanesi'ne olan sarsılmaz bağlılığınız bir kurtuluş senfonisi gibi. Asil çalışmalarınızın takdiri olarak, çalışmalarınızı canlandıran onarım ruhu ve adalet arayışıyla alçakgönüllülükle dolu bu koleksiyonu size ithaf ediyorum.

Bu sayfalar unutulmuşların seslerinin yankılandığı, dökülen gözyaşlarının direnç incilerine dönüştüğü ve umudun bir Anka kuşu gibi küllerinden doğduğu bir sığınak olsun. Bu ithaf, bir değişim senfonisinin başlangıcı, direnişe bir övgü ve barış, onur ve sevginin hüküm süreceği bir geleceğe doğru uzanmaktan asla vazgeçmeyeceğimize dair bir söz olsun.

TEŞEKKÜRLER

En derin teşekkürlerimi Sayın Ali Yılmaz ve Sayın Jak Mutlu'ya sunuyorum. Nazik kalpleri, bu şiir derlemesinin ilk eskizlerini okuma yükünü nezaketle kabul etti.

Bu minnet dolu sözleri, desteğin yumuşak kumaşını dokuyana, sessiz ve suç ortağı ilham perime ithaf ediyorum. Şirin Akbayır Bemi, yaratılışın karanlık saatlerindeki yumuşak ışık, yalnız düşüncelerimi saran ve kelimelerime hayat veren kumaşsın.

Saatlerin sonsuz nehirler gibi uzandığı ofisimin kıvrımlarında, gemimin sığındığı limansın. Desteğiniz, hafif bir esinti gibi, bazen yaratıcı gökyüzümü karartan şüphe bulutlarını dağıtıyor. Sen kelimelerimin ritmiyle dans eden ilham perisisin, sessiz ama sonsuz ahenkli bir dans.

Düşünceler zihnimin hengamesinde savrulduğunda, fikirlerimi berrak ufuklara doğru yönlendiren uzanmış elimsin. Senin şefkatli anlayışın özlemlerimin yansıdığı ayna, aşkın ise sayfalarıma renk veren mürekkeptir.

Her yalnız anımda, her gece yaratılışın karanlığına gömüldüğümde, ruhen ve kalben oradasın. Teşvikin rahatlatıcı bir melodi gibi geliyor, sözlerime eşlik eden ve hayallerimi hayata geçiren bir senfoni.

Sana, Şirin'e, gölgenin ve gündüzün yoldaşına, bu teşekkür sayfasını mütevazı bir adak olarak adıyorum. Bu kelimeler bir gülün yaprakları, her bir kelime sonsuz minnettarlığımın ifadesi olsun. Bu şiir dünyasının üzerine inşa edildiği temel taşı olduğun için teşekkür ederim, yaratıcılığımın ateşini besleyen ilham kaynağı olduğun için teşekkür ederim.

GİRİŞ

Sürekli çatışmanın yankılarının her sokakta, her vadide ve her kalpte yankılandığı bir bölge olan Demokratik Kongo Cumhuriyeti'nin doğusundaki yürek parçalayan dönemeçlerde şiirsel bir yolculuğa hoş geldiniz. "Demokratik Kongo Cumhuriyeti'nin Doğusundan Yankılar: Sürekli Savaş Ülkesinden Şiirler" bir şiir derlemesinden çok daha fazlası; her biri bu hırpalanmış toprakların karmaşık gerçekliğinin dokunaklı bir yönünü ortaya çıkaran 13 bölüm boyunca duygusal bir yolculuk.

İlk bölüm olan "Çatışmanın Acısı "nda dizeler, onlarca yıllık şiddetin bıraktığı görünmez izleri açığa çıkaran açık yaralar gibi açılıyor. Ardından "Ruhların Dayanıklılığı "nda sarsılmaz bir güç gibi ortaya çıkan dayanıklılık, her şiirde insanın en karanlık sınavların ortasında bile sebat etme kapasitesine tanıklık ediyor.

Bir zamanlar yemyeşil ve canlı olan doğanın kendisi "Yaralı Doğa" de keşfediliyor ve savaşın toprağa ve gökyüzüne kazınmış izleri ortaya çıkıyor. "Kırılgan Umut", tehditkâr bulutlara rağmen umut yeşermeye çalışırken, belirsizliğin ortasında günlük yaşamın özünü yakalıyor.

"Çocukların Sesleri" ile kayıp kahkahalar ve yarıda kesilen şarkılar yankılanarak kayıp masumiyetin bir senfonisini yaratıyor. "Cinsel Şiddetin Bir Savaş Yöntemi ve Terör Stratejisi Olarak Kullanılması" ise sıklıkla gölgede bırakılan bir gerçekliğin yürek parçalayan gölgelerini keşfediyor.

Bu koleksiyon, geleneksel şiirin sınırlarını aşarak karmaşık sosyal ve politik temaları irdelerken, "Barış Arayışı" ve "Karanlıktaki Işık" ile bir umut ışığı sunuyor. "Demokratik Kongo Cumhuriyeti'nin Paradoksu:

Zengin ve Yoksul" bu yolculuğu sona erdiriyor ve bol zenginlikler ve sonsuz acılar ülkesinin çelişkilerini ortaya koyuyor.

Her bölüm özenle dokunmuş bir tuval, her şiir bu acı dolu ülkenin duygusal paletindeki bir nüans. Her dizenin derin bir yankı gibi yankılandığı, okuyucuyu hissetmeye, anlamaya ve hepsinden önemlisi harekete geçmeye davet eden bir kelimeler senfonisinde sürüklenmeye hazır olun. Şiirin unutulmuş bir toplumun sessiz çığlığı haline geldiği, her kelimenin gerçeğin ve umudun ağırlığını taşıdığı bir dünyaya hoş geldiniz.

1. Çatışmanın Acısı
Acının yankıları

Uzaklarda, acı yankıları yankılanıyor,
Çürük bir gökyüzünün altında, toprak gözyaşları içinde inliyor.
Ağaçların gözyaşları yaralı toprağı yıkıyor,
Sonu olmayan bir savaşın sessiz tanıkları.
Çocukların çığlıkları rüzgarda kayboluyor,
Kahkahaları bu çılgın kargaşada boğuldu.
Annelerin gözleri sıkıntıdan patladı,
Yaşam öyküleri kırmızı sayfaya yazılır.
Issız bir tarlada kaybolan askerler,
Ruhları bu acımasız hasatla paramparça oldu.
Görünmez yaralar sessizce kanıyor,
Çatışmanın acısı, karanlık bir kanıt.
Kuşlar artık ötmüyor, gökyüzü kasvetli,
Manzara hüzünlü bir nesir tablosuna dönüşüyor.
Nehirler söylenmemiş sırların ağırlığını taşıyor,
Dalgalar geçmiş günlerin hikayelerini fısıldıyor.
Barış gölgede kaldığında geriye ne kalır?
Çatışmanın acısı tutulmaya dönüştüğünde?
Hayatta kalanların gözlerindeki ürkek umut,
Ruhların şarkısı, dokunaklı bir melodi.

Acı Parçaları

Gecenin kalbinde, karanlık ortaya çıkar,
Acı patlamaları, akan yaralar.
İyileşmiş duvarlar tarafından boğulan çığlıklar,
Çatışma acımasız ve anlamsız bir şekilde devam ediyor.
Sokaklar belirsiz ayak sesleriyle yankılanıyor,
Yoldan geçenlerin gölgeleri, kederin tanıkları.
Yırtık binalar, parçalanmış siluetler,
silinen hayatların izlerini taşır.
Dulların gözyaşları, adaletsizliğin incileri,
Yavaşça damlayan, trajedi onların ardından.
Yırtılmış rüyalar, yanmış sayfalar gibi,
Çatışmanın acısı, ihmal edilmiş bir şiir.
Sessizlikte, acının yankıları
Çöküşle uyum içinde yankılanıyor.
Gökler, bu dramın kayıtsız tanıkları,
Ağlayan insanlığın yükünü taşırlar.
Kuşlar, geçmiş bir çağın habercileri,
Fazlalık melodileri söyle.
Kederin sınırları sonsuzluğa uzanır,
Çatışmanın acısı, unutuşun parıltısı.
Yıldızların ağırlığı altında, dünya inliyor,
Derin yaralar, ruh geri çekilir.
Kelimelerin ötesinde, evrensel bir ağıt,
Çatışmanın acısı, ebedi bir yankı.

Acı Tarlaları

Gri gökyüzünün altında, acı tarlaları,
Çığlıkların, gözyaşlarının ve saatlerin birbirine karıştığı yerde.
Toprak, anlamsız savaşların sessiz tanığı,
Bağrında silinmiş hayatların ağırlığını taşır.
Çürük kalpler, kargaşa içindeki ruhlar,
Çatışma acımasızca devam ediyor.
Askerlerin gölgeleri yerde dans ediyor,
Siluetleri karanlık bir açılışın yankıları.
Tepeler geçmişin yankılarıyla çınlıyor,
Yalnız erkek ve kadınların hikayeleri.
Nehirler paylaşılmamış sırları fısıldar,
Yıpranmış yelkenler gibi yüzen anılar.
Kalıntılar başka bir zamana tanıklık ediyor,
Barış hüküm sürdüğünde, bahar kadar tatlıydı.
Binaların üzerindeki yara izleri hikayeyi anlatıyor,
Çatışmanın acısı, kötü şöhretli bir yara.
Kuşların şarkıları, sessiz melodiler,
Çöküşte olan bir ülkenin yası.
Çocuklar molozların arasında oynuyor,
Boğuk kahkahaları gölgelerde parıldıyor.
Bu kasvetli resimde, bir ışık titremesi,
Her gözde kırılgan bir umut.
Çatışmanın acısı, perişan bir şiir,
Bu hırpalanmış topraklarda aşk bekler.

Acının yansımaları

Sönmüş gökyüzünün altında, acı şekillenir,
Acının yansımaları, harabelerdeki gölgeler.
Dağlar derin yaralar taşıyor,
Dehşetin kol gezdiği bir geçmişin izleri.
Askerler bitkin, savaş yaraları içinde,
Boş bakışları hüzünlü bir mezar taşı.
Yıldızlar, bu trajedinin sessiz tanıkları,
Gecenin ışıltısı, sonsuzluğun koruyucuları.
Dar sokaklar yankılar fısıldar,
Yürek burkan anılar, kaosun içindeki çığlıklar.
Dulların çığlıkları bir ağıt gibi yankılanıyor,
Çatışmanın acısı, çınlayan bir melodi.
Bir zamanlar bereketli ve canlı olan tarlalar,
Şimdi kalp kırıklığının ağırlığını taşı.
Solmuş çiçekler rüzgarda dans ediyor,
Kokuları acı dolu bir veda.
Çocuklar kirli sayfalara resim yaparlar,
Hayalleri, yıpranmış bir gerçeklikteki seraplar.
Çatışmanın acısı, yırtık bir goblen,
Kayıp dalgalar gibi kırık sözler.
Karanlığın kalbinde, titrek bir ışık,
Umut kırılgan bir yaprak gibi tutunur.
Çatışmanın acısı, kafiyesiz bir şiir,
Bu harap topraklarda, yüce bir kucaklaşma.

Umut Patlamaları

Sessizliğin ağırlığı altında, acı yayılır,
Acı parçaları, rüzgarda asılı kalan çığlıklar.
Nehirler, yıldızların gözyaşlarına tanıklık ediyor,
Düşman topraklarda hüzünlü bir türkü söyle.
Çıplak ağaçlar, kederin nöbetçileri,
Dalları kaderin yükü altında eğilir.
Yerdeki yaralar, silinmez izler,
Çatışmanın acısı, tarifsiz bir şiir.
İhmal edilmiş evler, başka bir zamanın yankıları,
Duvarlar, yiyip bitiren günlerin hikâyelerini taşıyor.
Uykusuz gecelerin izlerini taşıyan yüzler,
Savaşın yaraları, yasın sayfaları.
Çocukların gözlerindeki kırılgan parıltılar,
Umut kıvılcımları, durgun bir dans.
Çatışmanın acısı, solan bir gölge,
Kalplerin gücünden önce, geçici bir ışık.
Yıldızlar, huzur veren bir gökyüzünün parçaları,
Yukarıda parıldayan, iyiliksever tanıklar.
Kuş sesleri, rahatlatıcı bir senfoni,
Çatışmanın acısı, titrek bir melodi.
Gecenin boşluğunda, birliğin kucaklaşması,
Ruhlar yeniden yükseliyor, olasılıklara meydan okuyor.
Çatışmanın acısı, geçmişte kalan bir bölüm,
Rüyalar yeniden doğar, bireysel bir şafak.

2. Ruhların Direnci
Ruhların Yeniden Doğuşu

İşkenceli gökyüzünün ağırlığı altında,
Ruhlar ortaya çıkar, hayatlar yeniden keşfedilir.
Derin yaralar, ama ayakları üzerinde duran kalpler,
Direnç, bir fısıltı kadar yumuşak ipliğini örer.
Yaraların derinliklerinde, bir gülümsemenin parıltısı,
Ruhlar, yok edilmelerine izin vermeyerek yeniden yükseliyor.
Geçmişin gölgeleri yavaş yavaş kayboluyor,
Direncin ışığı her anı aydınlatır.
Harabe tarlalar verimli topraklara dönüşür,
Hayaller anka kuşları gibi yükselir.
Geçmiş fırtınaların yaraladığı yüzler,
Hak edilmiş bir yeniden doğuşun gururunu taşıyın.
Bir zamanlar acıya tanıklık eden duvarlar
Yenilenmiş yaşamın fresklerine dönüşüyor.
Nehirler, zamanın akışının sembolleri,
İşkenceye rağmen dimdik ayakta duran ruhların övgülerini söyleyin.
Sessizlikte bir direniş senfonisi yankılanır,
Yıldızlar bu yüce yeniden doğuşu alkışlıyor.
Geçmişin acısı, üzerine resim yapılacak bir tuval,
Direncin renkleri, umudu kucaklayan bir ilahi.
Ve böylece ruhlar çiçek açar, çiçek açan bir bahçe gibi,
Onların gücü, güzel bir kurtuluşun canlı bir kanıtı.
Direnç, gecenin içinde kayan bir yıldız,

DEMOKRATIK KONGO CUMHURIYETI'NIN DOĞUSUNDAN YANKILAR: SÜREKLI SAVAŞ ÜLKESINDEN ŞIIRLER.

ruhlara sonsuz zenginlikte bir geleceğe doğru rehberlik ediyor.

Umut Kırıntıları

Kargaşanın ortasında, acının gölgesinde,
Ruhlarda parıldayan mutluluk ışıltıları.
Her şeye rağmen günlük hayatın askerleri,
Geçmişteki fırtınalara rağmen dayanıklılık kaderlerine rehberlik ediyor.
Gözleri savaşın ağırlığıyla yıpranmış,
Parlayan bir iradenin bilgeliğini giyin.
Umutsuzluğun siperlerinde bir çiçek filizlenir,
Bir sıcaklık patlaması gibi çok yıllık bir direnç.
Bir zamanlar silah tutan eller, bugün onları dövüyor,
Kalpler arasında köprüler, çiçek açan hayaller.
Geçmişin yaraları, gururlu izler,
Dayanıklılık, sınırları aşan bir güçtür.
Dünün yıkıntıları sağlam temellere dönüşür,
Hayaller yeniden inşa edildi, hayatlar korkusuz.
Yıldızlar bu cesur ruhları alkışlıyor,
Direnç, ebedi bir destan, canlı bir hikaye.
Savaşın, zorlukların ve gecenin içinden,
Umut patlamaları ve gülümseyen ruhlar ortaya çıkıyor.
Direnç, sessizlikte bir melodi,
ruhların acıya karşı zaferini anlatır.

Küllerin içinde yeniden doğuş

Küllerin içinde ruhlar ortaya çıkar,
Anka kuşları yeniden doğar, şarkılarla yaşar.
İşkencelere, savaşa, kargaşaya rağmen,
Direnç dans eder, enfes bir melodi.
Gözler, yıldızsız gecelerin tanıkları,
Ortaya çıkan bir ışığın parıltısını giyin.
Solmuş anılarla ağırlaşan bakışlar,
Direnç, huzurlu bir gelecek yaratır.
Çeliğin soğukluğunu bilen eller,
şimdi hikayeler, kutsal bağlar örüyor.
Yara izleri, bir kitabın sayfaları,
Direnç, kalplerin meditasyon yaptığı bir senfoni.
Yıkılan evler, geçmişin parçaları,
Sevgiyle yeniden inşa edildi, güç yeniden keşfedildi.
Dağınık hayaller, parçalanmış yıldızlar,
Direnç onları bir araya getirir, sonsuz bir takımyıldız.
Yeniden doğuşun yollarında ayak sesleri yankılanır,
Umut patlamaları, titreyen ufuklar.
Çatışmanın acısı, unutulmuş bir önsöz,
Dayanıklılık, geleceğin şekillendirildiği bir hikaye.

Umut Kırıntıları

Kederin ağırlığını taşıyan yıldızların altında,
Ruhlar yükselir, direnç köpürür.
Gölgelerin savaşçıları, umut kırıntıları,
Gözlerinde, yeniden doğuşun vaadi parıldıyor.
Acı dolu gecelerin gözyaşları, tuzlu inciler,
Sabahları kurur, silinmiş izler bırakır.
Ağır kalpler kale olur,
Direnç, neşeli bir yaşamın mimarıdır.
Enkazın ortasında hayaller yeniden doğar,
Geleceğin temelleri, okşadığımız vaatler.
Çok ağır yükler taşıyan eller,
Nazik ufuklar örüyor.
Yoldan geçenlerin siluetleri, dans eden gölgeler,
Bir kefaret balesi, ilerleyen bir vals.
Hala genç olan alınlara kazınmış acı,
Direnç, sisin içinde gülümsemeleri oyar.
Kuşların şarkıları, bir umut senfonisi,
Direncin melodisi, duyulacak bir yankı.
Çileler boyunca, yeniden yazılacak hikayeler,
Ruhlar yeniden inşa edilmek üzere geleceğe açılıyor.
Karanlık gecede bir ışık varlığını sürdürüyor,
Direnç, asla sönmeyen bir ateş.
Yara izleri, derideki gururlu izler,
Yeniden çiçek açan hayatlar, yenilenme patlamaları.

Işığa Doğru

Karanlığın kalbinde ruhlar yükselir,
Sıkıntının örsünde dövülmüş gölgeler.
Savaş şiddetlendi ama silinmedi,
Bükülmeyi reddeden içsel parıltı.
Gözlerde, kararlı bir yıldızın parıltısı,
Geçmişin yaraları, çiğ konuşan izler.
Harap olmuş yollar, yeniden inşa edilecek patikalar,
Dayanıklılık, gelecek için bir pusula.
Zincirlerin soğuğunu bilen eller,
Şimdi kapıları açın, acıları ortadan kaldırın.
Savaşın ritmiyle atan kalpler,
Şimdi yeni bir adımla birlikte yankılanıyor.
Korku anıları, parçalanmış hayaller,
Sakin gecede uzak yankılardır.
Ruhun pencereleri berraklığa açılır,
Direnç, kadere rehberlik eden bir yıldızdır.
Gözyaşı nehirleri umut derelerine dönüşür,
Bir zamanlar sessiz olan çocuklar yeniden gülmeye başlar.
Geçmişin acısı, yırtılacak bir tuval,
Direnç, yazılması gereken canlı bir şiirdir.
Işığa doğru, ruhlar inançla ilerler,
Yeni bir başlangıcın parçalarını toplamak, bir sevinç.
Savaş yara izleri bıraktı ama aynı zamanda dersler de verdi,
Direnç, yeniden doğuşun senfonisi.

3. Yaralı Doğa
Sessiz Yankılar

Çürük gökyüzünün altında, doğa sessizlik içinde ağlıyor,
Sessiz yankılar, muazzam gölgede çığlıklar.
Çıplak ağaçlar, çatışmanın sessiz tanıkları,
Rüzgârın savurduğu yaprakları, son bir masal.
Bir zamanlar berrak olan nehirler, ağıtlar fısıldar,
Sırlarla yüklü, acı şimdi kucaklandı.
Bir zamanlar berrak sularda dans eden balıklar,
Şimdi asitli gözyaşları içinde yüzüyor.
Bir zamanlar yeşilliklerle bezenmiş tepeler,
Şimdi huzursuzluk uzanıyor.
Savaş alanları çayırları boğdu,
Biyoçeşitlilik, sessizliğe gömülmüş bir senfoni.
Gökyüzünde kuşlar şarkılarını kaybetti,
Kanatları azap dolu gökyüzüne sürtünüyor.
Hayvanların çığlıkları, kaybolmuş bir hayatın yankıları,
Doğa yaralı, saklayamadığımız bir yara.
Çiçekler, yapraklar savaşın çizmeleri altında soldu,
Parfümleri sefalet rüzgarlarında kayboldu.
Yırtık manzaralar, karmakarışık bir tuval,
Savaş izlerini, hüzünlü yankılarını bıraktı.
Bu ıssızlığın ortasında, bir onarım çağrısı,
Doğanın yaralarını iyileştirmek için, ilhama ihtiyaç var.
Sessiz yankılar bir senfoniye dönüşsün,

DEMOKRATIK KONGO CUMHURIYETI'NIN DOĞUSUNDAN YANKILAR: SÜREKLI SAVAŞ ÜLKESINDEN ŞIIRLER.

Yaralı doğa yeniden ahengine kavuşsun.

Issizliğin Köpüğü

Savaş bulutlarının karanlık örtüsü altında,
Doğa ağlıyor, acısı bir deniz.
Bir zamanlar gururlu olan ağaçlar, kederin ağırlığı altında eğilir,
Çıplak dalları, sabahları ağlar.
Dağlar, sükunetin nöbetçileri,
Şimdi stigmata taşıyor, kaba yaralar.
Nehirlerin yankıları, kayıp bir ağıt,
Issızlığın dalgaları sonsuz ve çıplak bir şekilde uzanıyor.
Tarlalar, bir zamanlar parlak renklerden oluşan halılar,
Hüznün sürüklendiği tuvallere dönüştü.
Biyoçeşitlilik, ahenkli yaşamın mücevheri,
Sessizce kaybolur, sönük bir ışık.
Gökyüzünde, kuşlar özgür gökyüzünü arıyor,
Şarkıları kurtuluş gökleri tarafından boğuldu.
Hayvanlar, bir zamanlar dengenin koruyucuları
Şimdi binasız topraklarda dolaşıyorlar.
Yıldızlar bakıyor, sessiz ve güçsüz,
Harap olmuş yeryüzü, inatçı bir ıstırap ağı.
Unutulmuş bir dünyanın ihtişamından geriye ne kaldı?
La nature blessée, adı uğruna ağlanacak bir eser.
Bu ıssızlık köpüğünün altında bir vaat var,
Gelecek günler bilgelikle dolu olsun.
Yaralı doğa, insanlığın eliyle,
İhtişamına yeniden kavuşur, saygınlığı geri gelir.

Kırık Senfoni

Top ateşinin hengamesi altında doğa sessizliğe gömülür,
Kırık bir senfoni, tekrarlanan yas notaları.
Bir zamanlar rüzgarın ritmine dans eden ağaçlar,
Şimdi azabın ağırlığı altında eğiliyor.
Vadiler, unutulmuş huzurla damgalanmış,
Yıkımlardan önce, bir güzellik kurban edildi.
Nehirler, gözyaşlarının ve ağlamaların tanıkları,
Suları hüzün taşır, sonsuz yankılar.
Savaş alanları, kızıl tuvaller,
Biyoçeşitlilik kayboluyor, hissedilir bir trajedi.
Çiçekler, kurşuni rüzgarlarla solmuş yapraklar,
Yeryüzü renkten renge bürünüyor, yenik düşen bir cennet.
Kuşlar, sıkıntı içindeki doğanın habercileri,
Şarkıları saldırganlığın öfkesiyle boğuldu.
Hayvanlar, bir zamanlar vahşi doğanın krallarıydı,
Şimdi ışıltısız çöllerde dolaşıyorum.
Parçalanmış gökyüzünün altında, doğa sessizlik içinde ağlıyor,
Sesi savaşla boğuldu, zalim bir cümle.
Bu büyülü senfoniden geriye ne kaldı?
Yaralı doğa, yırtık bir nota.
Yara izlerinin ötesinde, geçici bir umut beliriyor,
Doğanın kutsal şarkısını yeniden keşfedebilmesi için.
İnsanlık, sorumluluğunun farkında olarak,
Bu yarayı iyileştirecek ve güzelliği geri getirecek.

Yeşil ağıtlar

Doğa, parçalanmış gökyüzünün altında hıçkırıyor,
Ağaçlar kökünden söküldü, parıltıları söndü.
Dağlar, felaketin sessiz tanıkları,
Yara izleri, hüzün kırışıklıkları taşıyor.
Nehirler, bir zamanlar kristal okşamalar,
Şimdi sıkıntı yataklarında koşuyorlar.
Dalgaları ölümcül anılarla yüklü,
Dalgalar, sıkıntı içindeki doğanın yankısını taşıyor.
Vadiler, bir zamanlar biyoçeşitliliğin beşiğiydi,
anlamsız bir savaşın yankısı karşısında sessiz.
Kuşların şarkıları, bir zamanlar bir ahenk senfonisiydi,
sessizliğe gömüldü, uyumsuzluktan boğuldu.
Tarlalar, sönmüş çiçeklerden halılar,
Hayvanlar dolaşıyor, ruhlar ağıt yakıyor.
Yaralı doğa, bir eserin telafisi,
Dünya'nın gözyaşları, aşağılama incileri.
Yıldızlar, çürük bir gecede gece ışıkları,
Güzelliği kaybolmuş bir dünyayı düşünün.
Altın sabahların ışıltısından geriye ne kaldı?
Yaralı doğa, ıssız bir tablo.
Bu ekolojik trajedide bir ses yankılanıyor,
Onarım çağrısı, doğanın onarılması için.
İnsanlık, bu yaralı toprakların koruyucuları,
Yaraları iyileştirmek ve ona hayatını geri vermek için birleşin.

Dünyanın Ağıtları

Gecenin örtüsü altında doğa ağlar,
Karanlık yıldızlar, acının yankıları.
Ormanlar, biyolojik çeşitliliğin kadim tapınakları,
acımasız bir savaşın ağırlığı altında çürüyor.
Vadiler, bir zamanlar gelişen yaşam bahçeleriydi,
şimdi doğanın kaybının yasını tutuyor.
Nehirler, toprağın gözyaşları, vedalarını fısıldıyor,
Dalgaları mutsuz kaderlerin yankılarını taşıyor.
Gökyüzü, serbest bırakılan yıkımın tanıkları,
Issızlık sahnelerini çaresizce izleyin.
Savaş alanları, kasvetli resimlerin tuvalleri,
Biyoçeşitlilik ağlıyor, üzüntü içinde bir destan.
Bir zamanlar melodik olan kuşlar şarkılarını kaybetti,
Hayvanlar dolaşıyor donuk topraklarda.
Doğa yaralı, mısraları kırılan bir şiir,
Dünya'nın gözyaşları, inleyen bir senfoni.
Sönmüş hayat için bu ağıt yankılansın,
Bırakın insanlık dinlesin, bırakın kalbi sönsün.
Doğanın küllerinde, bir parıltı devam ediyor,
Katıldığımız dünyaya bir kurtuluş çağrısı.

4. Kırılgan Umut
Şafak Parçaları

Karanlık örtünün altında şafak ışıkları beliriyor,
ürkek umut ışıkları.
Karanlığın kalbinde, ince bir kucaklaşma,
Yıldızlar bu maharetli ışıltıya boyun eğiyor.
Yırtık gecede iç içe geçen eller,
Umut kıvılcımları, ekilecek sözler.
Zamanın yaralarına rağmen birleşen kalpler,
Sağlam bağlar örüyor, gökkuşakları ortaya çıkıyor.
Karşılıklı bakışlarda sıcaklığın parıltıları,
Şefkatin yankıları, nazik bir coşku.
Trajedinin ortasında, ortaya çıkan bir dayanışma,
Uzanan eller, yatıştırıcı fısıltılar.
Gülümsemeler, karanlık gecede narin yapraklar,
İnsanlık kırıntıları, gölgeleri karartan tatlılık.
Sarılmalar, dertlere deva,
Bastıran karanlığın içindeki ışık anları.
Bu şafak parıltıları, çiy taneleri gibi,
Kucaklanan her geleceğin umudunu aydınlatın.
Karanlıkta, kırılgan bir senfoni,
İnsanlığın uysal bir türkü bestelediği yerde.

Umut Yansımaları

Gecenin derinliklerinde, umudun yansımaları,
Utangaç yıldızlar, nazik bir iyilikseverlik.
Gökyüzü, inatçı bir trajedinin tanıkları,
parıldıyor, huzur kırıntıları sunuyor.
Yoğun karanlığın içinde birbirini arayan eller,
Umut kırıntıları, bir direnç ağı.
Gergin omuzlar, paylaşılan yükler,
Dayanışmanın kırıkları, kurulan bağlar.
Gözyaşları birbirine karışıyor, kardeşlik damlaları,
Merhamet kırıntıları, cömertlik yağmuru.
Ağır sessizlikte buluşan bakışlar,
Sevgi patlamaları, söylemin uçurumu üzerinde köprüler.
Gülümsemeler, baskıcı gecede yapraklar,
İnsanlık kırıntıları, nazik bir direniş.
Sarılmalar, dertlere deva,
Soğuk, bastıran karanlıkta sıcaklık patlamaları.
Kayan yıldızlar gibi umut yansımaları,
Hak eden her kaderin karanlığını aydınlat.
Her acının içinde, kırılgan bir kıvılcım,
Umudun çiçek açtığı yerde, geçici bir gölge gibi yumuşak.

Geçici yıldızlar

Sonsuz gecenin karanlık pelerininin altında,
Geçici yıldızlar, asi umut ışıltıları.
Karanlığın kalbinde, kırılgan takımyıldızlar,
Rüya parçaları, sürgündeki yıldızlar.
Sonsuz karanlığa uzanan eller,
Karşılıklı yardımlaşmanın parçaları, sevginin ince iplikleri.
Kaderin yükünü taşıyan omuzlar,
Dayanışma parçaları, saten sütunlar.
İç içe geçmiş gözyaşları, insanlığın incileri,
Merhamet kırıntıları, cömertlik yağmuru.
Aynı ufkun bakışları,
Birliğin parçaları, aynı tutkunun parıltıları.
Gülümsemeler, sisin içindeki ışık parıltıları,
Kayan yıldızlar, ruhun ışıldadığı anlar.
Kucaklaşmalar, sıkıntılara çare,
Soğuk, bastıran karanlıkta sıcaklık patlamaları.
Bu geçici yıldızlar, elmaslar gibi,
Her anın karanlık gökyüzünü aydınlatın.
Karanlıkta, kırılgan bir senfoni,
Umudun dans ettiği yerde, uysal bir tüy kadar hafif.

Işık Parçaları

Gecenin derinliğinde, ışık kırıntıları,
Yavru yıldızlar, geçici inciler.
Karanlığın kalbinde, ürkek bir parıltı,
Işıltılı rüyalar, yazılı sözler.
Yoğun gölgede bir araya gelen eller,
Dayanışma kırıntıları, nazik bir yankı.
Sessizliğin ağırlığına rağmen kalpler açık,
Şefkat patlamaları, narin bir varlık.
Boncuk boncuk dökülen gözyaşları, paylaşılan hüznün yansımaları,
Kardeşlik kırıntıları, bir insanlık yağmuru.
Gecenin derinliğinde buluşan bakışlar,
Destek patlamaları, bolca yıldız.
Gülümsemeler, karanlıkta gökkuşakları,
Şefkat kırıntıları, talihsizliğin ortasındaki renkler.
Kucaklamalar, sıkıntıya çare,
Soğuk, bastıran karanlıkta sıcaklık patlamaları.
Bırakın bu ışık patlamaları, kayan yıldızlar gibi,
Hak eden her kaderin karanlığını aydınlat.
Her hüznün içinde, kırılgan bir kıvılcım,
Umudun hafif bir esinti gibi devam ettiği yerde.

Şafak Şarkısı

Gecenin pelerininin altında, uzun zamandır beklenen bir şafak,
Yıldızlar söner, diğerleri sıkıntı içinde doğar.
Karanlığın kalbinde, asılı bir parıltı,
Bir şafak şarkısı, çıplak vaatler.
Eller narin gölgelerde kenetlenmiş,
Aşk kırıntıları, sonsuzca örülmüş kurdeleler.
Omuzlar ortak acıyla gerildi,
Dayanışmanın parçaları, gücün sütunları.
Hüzün denizinde kaybolan gözyaşları,
Merhamet kırıntıları, şefkat dalgaları.
Yarı ışıkta buluşan bakışlar,
İnsanlık kırıntıları, gölgesiz kıvılcımlar.
Gülümsemeler, alacakaranlıkta ışık patlamaları,
Umut kırıntıları, küçük bir şafağın ışıkları.
Sarılmalar, dertlere deva,
Soğuk, bastıran karanlıkta sıcaklık patlamaları.
Bu şafak şarkısı, göksel bir melodi gibi,
Ruhları aydınlat, her hareketi iyileştir.
Karanlıkta, kırılgan bir senfoni,
Umudun fısıldadığı yerde, uysal bir tüy kadar yumuşak.

5. Sessiz Tanıklıklar
Sessizliğin Yankıları

Gizli gölgelerde, sessiz tanıklıklar,
Sessizlikler konuşur, inanmadığımız hikayeler.
Kalpler yankılanır, hayatlar silinir,
Yanan gecede sessiz tanıklıklar.
Titreyen eller hikayeyi anlatır,
Derin yaralar, hafızasız gölgeler.
Gömülü işkenceleri yansıtan gözler,
Sessiz tanıklıklar, soğukta haykırışlar.
Unutulmuş yollarda ağır ayak sesleri,
Eziyetli rüzgarların sildiği ayak izleri.
Fısıltılar acı duvarlarıyla boğuldu,
Sessiz tanıklıklar, ışıksız yankılar.
Solmuş gülümsemeler, sisin içindeki yapraklar,
Boğuk hayaller, ışık saçan hayatlar.
Zamanın karmaşasında kaybolan sesler,
Sessiz tanıklıklar, boşluktaki şarkılar.
Bu sessizlik yankıları havada yankılansın,
Unutulmuş tanıklıklar nihayet duyulsun.
Her sessizlikte, kırılgan bir gerçek,
Kazınmış hikayeler, açığa çıkan tanıklıklar.

Masum Gözyaşları

Sessizliğin ağırlığı altında tanıklıklar kaybolup gidiyor,
Unutulmuş hayatlar, uzaydaki yankılar.
Unutulmayı arayan masum eller,
Sessiz tanıklıklar, çürük kaderler.
Çocukların gözleri, masumiyete açılan pencereler,
Sessiz gözyaşları, şeffaflık patlamaları.
Acı duvarları tarafından boğulan kahkahalar,
Sessiz tanıklıklar, uyuşukluktaki çığlıklar.
Terk edilmiş yollarda hafif ayak sesleri,
Solmuş anılar, isimsiz ayak izleri.
Hüzün rüzgarlarıyla boğulmuş sesler,
Sessiz tanıklıklar, sıkıntının yankıları.
Çok genç yüzlerde donmuş gülümsemeler,
Kaybolan umutlar, hızla kurulan hayaller.
Zamanın hengamesinde unutulan fısıltılar,
Sessiz tanıklıklar, boşluktaki şarkılar.
Bu masumiyet gözyaşları kayıtsızlığı uyandırsın,
Unutulmuş tanıklıklar yankısını bulsun.
Her sessizlikte, kırılgan bir gerçek,
Kazınmış hikayeler, açığa çıkan tanıklıklar.

Unutulmuş Yankılar

Kalıcı gölgenin altında, unutulmuş yankılar,
Sessiz tanıklıklar, boğuk çığlıklar.
Unutuluşun ağırlığını taşıyan nasırlı eller,
Silinen hayatlar, sonsuz gecede anlatılan hikayeler.
Kelimeler olmadan hikayeler anlatan gözler,
Bakışlar söndü, acı gitti.
Sessiz yara izleri ete kazındı,
Sessiz tanıklıklar, susturulması gereken acılar.
Solmuş yollarda tereddütlü adımlar,
Kayıp anılar, silinmiş izler.
Yalnızlığın rüzgarıyla boğulan fısıltılar,
Sessiz tanıklıklar, kesinliğin yankıları.
Yorgun yüzlerde utangaç gülümsemeler,
Aşınmış umutlar, batmış hayaller.
Kayıtsızlık duvarlarıyla boğulmuş sesler,
Sessiz tanıklıklar, yankı patlamaları.
Bu unutulmuş yankılar hafızayı uyandırsın,
Bu tanıklıklar tarihlerini yeniden keşfetsinler.
Her sessizlikte, kırılgan bir gerçek,
Kazınmış hikayeler, ortaya çıkan tanıklıklar.

Yokluğun Parçaları

Sağır edici sessizlikte, sessiz tanıklıklar,
Yokluğun parçaları, yansımasız hayatlar.
Gölgelerde rahatlık arayan eller,
Sessiz tanıklıklar, pişmanlık yankıları.
Sönmüş gözler, kaybolmuş ufuklara açılan pencereler,
Tutulan gözyaşları, gömülen anılar.
Geçmişlerinin gölgelerini aşan bakışlar,
Sessiz tanıklıklar, modası geçmiş hikayeler.
Unutulmuş yollarda hafif ayak sesleri,
Endişe rüzgarlarıyla silinmiş ayak izleri.
Sessizliğin enginliğinde kaybolan sesler,
Sessiz tanıklıklar, yoklukta mırıldanmalar.
Yorgun yüzlerde soluk gülümsemeler,
Solan umutlar, batan hayaller.
Sarılmalar, yalnızlık için çareler,
Sessiz tanıklıklar, kaygı patlamaları.
Bu yokluk patlamaları kayıtsızlığın ortasında yankılansın,
Unutulmuş tanıklıklar ödüllerini bulsun.
Her sessizlikte, kırılgan bir gerçek,
Kazınmış hikayeler, açığa çıkan tanıklıklar.

Sonsuzluk Parçaları

Sessizliğin örtüsü altında, sonsuzluğun tanıklıkları,
Ruhların parçaları, saklanan hikayeler.
Tarihin ağırlığını taşıyan titreyen eller,
Silinen hayatlar, görkemsiz tanıklıklar.
Silinmez yaralar taşıyan gözler,
Tarifsiz acıları anlatan bakışlar.
Hafızalarının gökyüzünde sönmüş yıldızlar,
Sessiz tanıklıklar, umut yankıları.
Unutulmuş yollarda tereddütlü adımlar,
Aşkın gölgelerdeki gizli ayak izleri.
Anlayışsızlık rüzgarlarıyla boğulan fısıltılar,
Sessiz tanıklıklar, saklanan kelimeler.
Yorgun yüzlerde kaybolan gülümsemeler,
Hayal kırıklığına uğramış bir dünyada insanlığın parıltıları.
Kucaklaşmalar, sonsuz yalnızlığın çareleri,
Sessiz tanıklıklar, yaşam patlamaları.
Sonsuzluğun bu parçaları boşlukta yankılansın,
Unutulmuş tanıklıklar yeni bir ivme bulsun.
Her sessizlikte, kırılgan bir gerçek,
Kazınmış hikayeler, ortaya çıkaran tanıklıklar.

6. Barış Arayışı
Şafağın Uyumu

İnsan kalbinin derinliklerinde, ateşli bir arayış,
Evrensel bir özlem, doğmakta olan bir barışın özü.
Şafak ışınları rüyalarda dans eder,
Barış arayışı, yükselen nazik bir fısıltı.
Dağlar umudun nöbetçileri gibi duruyor,
Cennetten yeryüzüne, kederin olmadığı bir senfoni.
Nehirler birlik şarkıları fısıldar,
Huzur arayışı, zihni özgürleştiren bir akarsu.
Uzanan eller, uçurumlar üzerinde köprüler,
Mahrem yaraları iyileştiren kucaklaşmalar.
Karşılıklı bakışmalar, kardeşliğe açılan pencereler,
Huzur arayışı, dinginlikten örülmüş bir tuval.
Ağaçlar dallarını bir neşe jestiyle yayıyor,
Zeytin yaprakları dans eder, şefkatin sembolüdür.
Kuşlar, huzurun habercileri,
Barış arayışı, yükseklikte bir melodi.
Şafağın ahengi adımlarımıza rehberlik etsin,
Barış arayışı pusulamız olsun.
Her eylemde, her sözde, bilge bir parıltı,
Barış arayışı, her çağ için bir miras.

Denge Parçaları

Ufukların ötesinde, sonsuz bir arayış,
Ruh huzuru özler, büyüyen bir rüya.
Dünyanın kargaşasında denge parçaları,
Barış arayışı, kendini savuran bir bayrak.
Dağlar, çalkantılı bir tarihin tanıkları,
Huzurun parlaması için tırmanılacak zirveler.
Vadiler, çukurlar uyumla dolsun diye,
Barış arayışı, sonsuzlukta bir fısıltı.
El ele tutuşmak, dayanışmanın senfonisi,
Ortak bir barış için kurulan ittifaklar.
Gözler dingin ufukta birleşiyor,
Huzur arayışı, hiç bitmeyen bir yolculuk.
Dolambaçlı nehirler, içsel arayışa rehberlik eder,
Kurtarıcı bir barış için empati akıntıları.
Ağaçlar, sessizlik içinde örülen anlaşmalara tanıklık eder,
Barış arayışı, varoluşta bir dans.
Bu denge parçaları yankılar gibi yankılansın,
Barış arayışı ebedi bir yemin olsun.
Her kalp atışında, bilge bir söz,
Barış arayışı, her kıyıda bir yıldız.

Huzur Şarkısı

Uçsuz bucaksız sessizlikte arayış şekillenir,
Evrensel bir çağrı, barış yolda.
Huzurun yankıları ufku aşıyor,
Barış arayışı, eriyen bir senfoni.
Dağlar bir berraklık peleriniyle taçlandırılmış,
Birliğe ulaşmak için tırmanılması gereken zirveler.
Vadiler, anlayış potaları,
Huzur arayışı, bir yükseliş nefesi.
Açılan eller, bilinmeyene uzanan köprüler,
Hoş geldin bağları kuran jestler.
Aynı hedefte birleşen gözler,
Huzur arayışı, akışta bir yıldız.
Uyum melodileri mırıldanan nehirler,
Kıyılarının ötesine akan anlayış dereleri.
Ağaçlar dua ederek dallarını açıyor,
Barış arayışı, hafif bir dans.
Bu huzur şarkısı içimizde yankılansın,
Barış arayışı diz çökerek edilen bir yemin olsun.
Her an, her bilge düşüncede,
Barış arayışı, eskimeyen bir yolculuk.

Bir umut ışığı

Kalbin gök kubbesinde, sonsuz bir arayış,
Evrensel bir özlem, doğmakta olan bir barış.
İnsanlık kırıntıları karanlığı delip geçiyor,
Barış arayışı, karanlık gölgelerde bir parıltı.
Dağlar, yüceliğin nöbetçileri,
İç huzura ulaşmak için zirveler.
Vadiler, çukurlar kardeşlikle doldurulacak,
Barış arayışı, açıklık vaadi.
Uzatılan eller, ittifak jestleri,
Güvenin gücünü oluşturan kucaklaşmalar.
Sakin bir ufukta birleşen gözler,
Barış arayışı, merhemde bir yıldız.
Bağışlama şarkıları mırıldanan nehirler,
Eriyen bir huzur için kabullenişin akıntıları.
Ağaçlar sessizlikteki vaatlere tanıklık eder,
Barış arayışı, bir iyilik dansı.
Bu umut ışığı adımlarımıza rehberlik etsin,
Barış arayışı ebedi pusulamız olsun.
Her vuruşta, bir bilgelik notası,
Barış arayışı, incelikli bir melodi.

Armoni Odyssey

Sonsuzluğun ortasında, hareket halinde bir arayış,
Evrensel yolculuk, rezonansta barış.
Kaderin gök kubbesinde uyumun parçaları,
Barış arayışı, sönen bir ışık.
Dağlar yükselir, kardeşliğin surları,
Sonsuz berraklık için tırmanılacak zirveler.
Vadiler, dayanışmayla doldurulacak boşluklar,
Huzur arayışı, mutluluk vaadi.
Buluşan eller, umut kavşakları,
Karanlık korkusunu aşan kucaklaşmalar.
Huzurlu ufuklarda birleşen gözler,
Barış arayışı, sonsuz bir yolculuk.
Nehirler birlik ilahileri söyler,
Söylenen bir barış için anlayış dereleri.
Ağaçlar, sessiz sözlerin koruyucuları,
Barış arayışı, değerli bir dans.
Bu uyum serüveni rüyalarımıza rehberlik etsin,
Barış arayışı bir yankı gibi yankılansın.
Hayatın her kıvılcımında, bilge bir yıldız,
Barış arayışı, paylaşılacak ebedi bir macera.

7. Siperlerde Aşk
Fırtınada Sevgi Kırıntıları

Siperlerde, gök gürültüsünün olduğu yerde,
Sevgi kırıntıları, bolca parlayan bir ışıltı.
Fırtınanın kalbinde, direnen bağlar,
Aşk, karanlıkta devam eden bir alev.
Tatlı sözler, rüzgârdaki yapraklar gibi,
Fısıldanan sözler, hareket halindeki yeminler.
Bakışlar, zalim gecedeki yıldızlar,
Aşk, asi karanlıkta bir pusula.
Kaosun ortasında birbirini arayan eller,
Kasvetli kadere meydan okuyan kucaklaşmalar.
Kahkaha patlamaları, savaşta yankılar,
Aşk, cehennemin ortasında tatlı bir melodi.
Aşk mektupları, elimizdeki hazineler,
Umutla örülmüş kelimeler, saten parçaları.
Paylaşılan anılar, çamurdaki inciler,
Aşk, oyun çölünün ortasında bir vaha.
Bu aşk parçaları kayan yıldızlar olsun,
Siperlerde aşk yaşayan bir alev olarak kalsın.
Her kalp atışında, bilge bir direniş,
Aşk, tarihe meydan okuyan ve onu öfkelendiren bir güçtür.

Ateş altında bir aşk melodisi

Silahların çatırtısı altında, gizli bir melodi,
Aşk, dirençli bir senfoni, tatlı bir fetih.
Siperlerin kalbinde, fısıldanan yeminler,
Aşk patlamaları, karanlıkta notalar.
Kaçamak kucaklaşmalar, tozun içinde bir bale,
Ateşli fısıltılar, tersten vaatler.
Suç ortaklığının bakışları, gök kubbedeki yıldızlar,
Aşk, fırtınaya rağmen değişmeyen bir şey.
Aşk mektupları, üniformanın altında saklı hazineler,
Okşar gibi kelimeler, rahatlatıcı bir kucaklama.
Kazınmış anılar, kaosun içindeki mücevherler,
Aşk, her şey karamsar ve kasvetli göründüğünde bile bir parıltıdır.
Sevilen birinin görüntüleri, kargaşanın ortasında bir ışık,
kazınmış görüntüler, kalıcı aşk kırıkları.
Paylaşılan hayaller, alnımızdaki yıldızlar,
Aşk, azgın fırtınalara rağmen bir destandır.
Bu aşk melodisi tarih boyunca yankılansın,
Siperdeki aşk her anıyı aydınlatsın.
Her kalp atışında, bilge bir direniş,
Sevgi, gölgeyi ve öfkeyi aşan bir güçtür.

Sonsuzluk Işınları

Parçalanmış gökyüzünün altında aşk devam ediyor,
Hüzünlü sisin içinde sonsuzluk parçaları.
Siperlerin kalbinde, acının devam ettiği yerde,
Aşk, hiçbir şeyin tutamayacağı bir alev.
Gölgelerde ve çamurda birbirini arayan eller,
Güçlü kucaklaşmalar, koşuşturmanın içinde sığınak.
Molozlara rağmen iç içe geçen bakışlar,
Aşk, gölgelerin ortasında bir kale.
Aşk mektupları, ellerimizdeki kırılgan hazineler,
Uzak çarpışmalarda umutla örülmüş kelimeler.
Kalbin yankıları engellerin ötesinde yankılanır,
Aşk, savaşlara rağmen tatlı bir melodi.
Işık parçaları gibi değiş tokuş edilen gülümsemeler,
Acı bir savaşta iyimserlik kırıntıları.
Vaatler, karanlıkta kayan yıldızlar,
Aşk, görevi aşan bir sabittir.
Sonsuzluğun bu parçaları yankılar gibi yankılansın,
Siperlerde aşk nazik bir kahraman olsun.
Her kalp atışında, bilge bir direniş,
Aşk, her sayfada akan bir güç.

Cephede Aşk Rapsodisi

Siperlerin önünde, sıkıntının yankılandığı yerde,
Aşk karanlıkta bir rapsodi besteler.
Şefkat patlamaları, okşama notaları,
L'amour, vahşete meydan okuyan bir melodi.
İç içe geçen eller, bir direniş balesi,
Fırtınadaki siperler gibi kucaklaşmalar.
Suç ortaklığının bakışları, inatçı gecede yangınlar,
Aşk, uyumsuzluğa rağmen parlayan bir yıldız.
Perişan mektuplar, duygu dolu sayfalar,
Tutkunun rüzgarındaki yapraklar gibi kelimeler.
Anılar, kalpte saklı hazineler,
Aşk, dehşet içinde bile süren bir senfoni.
Karşılıklı gülümsemeler, masumiyet patlamaları,
Şiddetin gölgesinde sevginin yankıları.
Zorlukların ortasında parıldayan yıldızlar, vaatler,
Aşk, vahşetin ortasında ısrarlı bir rapsodi.
Bu aşk rapsodisi bir dua gibi tınlasın,
Siperlerde aşk bir ışık olsun.
Her kalp atışında, bilge bir direnç,
Aşk, her fırtınayı aşan bir güçtür.

Yıldızların altında aşk şarkısı

Kıymıklarla delik deşik olmuş gökyüzünün altında bir aşk ilahisi yükseliyor,
Etrafı saran karanlıkta sevgi notaları.
Siperlerin kalbinde, kaosun bittiği yerde,
Aşk, testlere meydan okuyan bir melodi.
İşkencenin gölgesindeki eller,
Rahatlatıcı kucaklaşmalar, sürekli jestler.
Buluşan gözler, gecedeki yıldızlar,
Aşk, sessizce yol gösteren bir pusula.
Aşk mektupları, gerçeğin parşömenleri,
Fırtınalara asaletle göğüs geren kelimeler.
Anılar, sessizlik içinde korunan mücevherler,
Aşk, yokluğa rağmen bir sonsuzluk.
Gülümsemeler değiş tokuş edildi, ışık parçaları,
Acı karanlığın içinde umut ışıkları.
Işıltılı bir gökyüzünün altında fısıldanan vaatler,
Aşk, yürüyen kaosun içinde bir takımyıldızı.
Bu aşk ilahisi bir dua gibi yankılansın,
Siperlerde sevgi yol gösterici bir yıldız olsun.
Her kalp atışında, bilge bir direniş,
Aşk, her sayfayı aşan bir güçtür.

8. Savaşın Mirası
Zamanın İzleri

Göklerin ağırlığı altında miras şekillenir,
Zamanın izleri gizli ruhu işaretler.
Savaşın mirası, sessiz bir yük,
Gerçekleşmemiş hayaller, dolambaçlı bağlarla örülmüş umutlar.
Geçmişin gölgeleri gözlerimizde belirir,
Savaşın yankıları karanlıkta yankılanıyor.
Savaşın mirası, birbirine zincirlenmiş anılar,
Nesiller kaderin izlerini taşır.
Eller, acıyla dolu jestlerin mirasçıları,
Melankolik hikayeler örüyorlar.
Savaşın mirası, ardında bıraktığı gözyaşları,
Rehin alınmış bir kader tarafından zincirlenmiş arzular.
Nehirler kederli melodiler mırıldanıyor,
Sonrası ünlü vadilerden akıyor.
Savaşın mirası, delip geçen yankılar,
Nesiller tövbe sularında yüzüyor.
Bırakın geleceğin ışığı yaralarınıza dokunsun,
Savaşın mirası yerini yapaylığa bıraksın.
Her kalp atışında, bir merhamet arayışı,
Mirasın zincirlerini kırmak, yeniden doğuşu sunmak için.

Geçmişin yankıları

Sessizliğin içinde, geçmişin yankıları yankılanıyor,
Savaşın mirası, hapsedici bir gölge.
Gelecek nesillerin bakışları örtülü,
Çatışmanın artçı etkileri, devam eden acılar.
Savaş alanları, katliamın sessiz tanıkları,
Savaşın mirası, rehin tutulan bir manzara.
Çocukların özlemleri, paramparça olmuş parçalar,
Yatıştırıcı anılar tarafından zincirlenmiş hayaller.
Parçalanmış bir tarihin mirasçısı eller,
Toprağı işleyin, ama bir kader taşıyın.
Savaşın mirası, işaretlenmiş karıklar,
Tehlikeli toprağa ekilen umutlar.
Nehirler kederli melodiler fısıldıyor,
Savaşın sonuçları, kucak açan bir hüzün.
Savaşın mirası, inatçı yankılar,
Sonraki nesiller azap içinde yol alır.
Geçmişin yankıları yeni bir yol bulsun,
Savaşın mirası bir kıvılcıma dönüşsün.
Her kalp atışında, bir iyileşme arayışı,
Mirası aşmak ve yeni bir misyon sunmak.

Acının Tuvali

Mirasın resminde, acı ağları,
Gelecek nesiller ölümden sonra bir ağ örüyor.
Savaşın mirası, parçalanmış ufuklar,
Donmuş bir geçmişin kararttığı perspektifler.
Çocukların gözleri yaslı gökyüzünü yansıtıyor,
Savaşın mirası, tabutlardaki yıldızlar.
Özlemler, kanatlarını açmış kuşlar,
Pişmanlık yüklü rüzgarlarla yıkılan hayaller.
Geleceği şekillendiren eller, tortularla ağırlaştı,
Savaşın mirası, bilinmeyen tarafından örülen zincirler.
Harap olmuş topraklarda izlenen ufuklar,
Umutlar solmuş yaralarla yüzüldü.
Nehirler nesillerin gözyaşlarını taşır,
Savaş sonrası, duygu dalgaları.
Savaşın mirası, sudaki yankılar,
Kaos kıyılarında yontulmuş kaderler.
Acının tuvalleri fresklere dönüşebilir,
Savaşın mirası yerini eskizlere bıraksın.
Her kalp atışında, bir dayanıklılık arayışı,
Mirasın düğümlerini çözmek, yeniden doğuşu sunmak için.

Umut Patlamaları

Mirasın ağırlığı altında, umut kırıntıları ortaya çıkıyor,
Gelecek nesiller ışığı aramak için bir araya geliyor.
Savaşın mirası, askıdaki kaderler,
Perspektifler yeni bir vizyonla meydan okuyor.
Çocukların gözleri cesaretle parlıyor,
Savaşın mirası, yüzeydeki umut tohumları.
Özlemler, yeniden inşa edilen gecedeki yıldızlar,
Hayaller çiçek açar, acılar seyrelir.
Geleceği dokuyan eller, becerikli ve kararlı,
Savaştan miras kalan, ustaca yapılmış yapılar.
Canlı renklerle yeniden çizilmiş ufuklar,
Umutlar kazınmış, dans eden semboller.
Nehirler yarının vaatlerini taşıyor,
Savaşın artçı etkileri, solan dalgalar.
Savaşın mirası, uyanışın yankıları,
Gelecek nesiller yeni bir rota çizsin.
Sahneyi umut patlamaları kaplasın,
Savaşın mirası yeni bir mücevhere dönüşsün.
Her kalp atışında, yeniden doğuş için bir arayış,
Mirası aşmak ve yeni bir şans sunmak için.

Şafak Parıltısı

Mirasın gölgesinde bir şafak parıltısı beliriyor,
Gelecek nesiller ilahi bir kader taşıyor.
Savaşın mirası, uzak bir gecenin yankıları,
Umutlar dingin bir şafak için açılıyor.
Çocukların gözleri umut ışıltısını yansıtıyor,
Savaşın mirası, akşamları nöbet tutan yıldızlar.
Özlemler, gökyüzüne doğru açılmış kanatlar,
Yeniden inşa edilen hayaller, yeni bir bal.
Geleceği inşa eden, barış için uzanan eller,
Savaşın mirası, neşenin yapıları.
Ufuklar yumuşak renklerle yeniden çizildi,
Ekilen umutlar, genişleyen bahçeler.
Nehirler kurtuluş şarkıları fısıldar,
Savaşın mirası, kurtuluşun akıntıları.
Savaşın mirası, dönüşen yankılar,
Gelecek nesiller yeni bir süs oluşturacak.
Bu şafak parıltısı her kaderi aydınlatsın,
Savaşın mirası bir ilahiye dönüşsün.
Her kalp atışında, aşikar olanın arayışı,
Mirası aşmak, yeni bir doğum sunmak.

9. Karanlıktaki Işık

Işık Parçaları

Kargaşanın ortasında, ışık parıltıları dans ediyor,
kısacık anlar, acıların ortasında yıldızlar.
Savaş yumruğunu sıkar ama ışık direnir,
Umut ışıltıları, dans pistindeki inciler.
Gecelerin karanlığında parıltılarla alevlenen,
Gülümsemeler değiş tokuş edilir, ay ışıkları parlar.
Hüzün haykırabilir ama aşk devam eder,
Işık parçaları, neşenin ısrar ettiği gölgeler.
Acının gölgesinde birbirini arayan eller,
Narin kucaklaşmalar, kalpte mumlar.
Korku kükreyebilir, ama şefkat direnir,
Işık patlamaları, kalıcı kıvılcımlar.
Kesişen bakışlar, sisin içindeki yıldızlar,
Fısıldanan sözler, yanan ateş böcekleri.
Savaş kükreyebilir ama umut devam eder,
Işık patlamaları, direnen parıltılar.
Her ışık patlaması bir dua gibi yankılansın,
Karanlıkta, güzellik ışık olabilir.
Her kalp atışında, bilge bir direniş,
Işık patlamaları, katliamdaki notlar.

Umudun Şafağı

Savaşın karanlık tiyatrosunda bir şafak belirir,
Umut çiçekleri açıyor, parıltılar saçıyor.
Karanlık pelerinini yayabilir ama ışık devam eder,
Parlaklık anları, kalıcı yumuşaklık.
Korkunun sardığı gölgeli köşelerde,
Suç ortaklığının bakışları, solan yıldızlar.
Hüzün havada asılı kalabilir, ama şefkat devam eder,
İnsanlığa dair bakışlar, görmekte ısrar ettiğimiz bakışlar.
Gecenin soğuğunda birbirine dolanmış eller,
Narin jestler, unutuluşta mumlar.
Acı kükreyebilir, ama aşk devam eder,
Işık patlamaları, izlediğimiz yangınlar.
Nehirlerin yankıları barış mırıltıları taşır,
Kırılgan anlar, iz bırakan ufuklar.
Nefret kükreyebilir ama merhamet devam eder,
Işık parçaları, direnen dalgalar.
Umudun her şafağı tatlı bir melodi olsun,
Karanlıkta ışık bir senfoni olabilir.
Her kalp atışında, bilge bir direnç,
Işık kıvılcımları, fırtınadaki yıldızlar.

Zümrüt parıltısı

Savaşın kararttığı gökyüzünün altında zümrüt bir parıltı,
Hayatın parçaları ortaya çıkar, soğuk kasidede mücevherler.
Şiddet kükreyebilir, ama nezaket devam eder,
Tanık olduğumuz ışık kırıntıları, külçeler.
Gölgelerin sessizlik içinde uzandığı girintilerde,
Bakışlar değiş tokuş edilir, özde yıldızlar.
Zalimlik yaygın olabilir, ama iyilik devam eder,
İnsanlığın yansımaları, tanık olduğumuz nüanslar.
Acı gerçekliğe rağmen iç içe geçmiş eller,
Dayanışmanın jestleri, netliğin kökleri.
Nefret kükreyebilir ama kardeşlik devam eder,
Işık patlamaları, tanık olduğumuz bağlar.
Nehirlerin yankıları uzlaşmanın fısıltılarını taşır,
Huzur anları, aydınlanma dalgaları.
Öfke gürleyebilir ama sükûnet devam eder,
Işık patlamaları, izlediğimiz nehirler.
Her zümrüt parıltısı değerli bir inci olsun,
Karanlıkta, güzellik lezzetli bir ikram olabilir.
Her kalp atışında, bilge bir direniş,
Işık parçaları, fırtınadaki zümrütler.

Dirençli yıldızlar

Savaşın karanlığının ortasında, dirençli yıldızlar,
Cesaretin takımyıldızları, kalıcı parıltılar.
Gece örtüsünü uzatabilir ama ışık direnir,
Tanık olduğumuz yıldız patlamaları, tutulmalar.
Korkunun sessizliğe gömüldüğü ara sokaklarda,
Gizli gülümsemeler, özlerinde yıldızlar.
Korku havada asılı kalabilir, ama umut devam eder,
İnsanlığın yansımaları, görebildiğimiz yıldızlar.
Engellerin ötesinde iç içe geçen eller,
Birliğin jestleri, tozdaki yıldızlar.
Nefret gürleyebilir, ama sevgi devam eder,
Tanık olduğumuz yıldız patlamaları, takımyıldızları.
Nehirlerin yankıları direniş öyküleri taşır,
Cesaret anları, azim dalgaları.
Öfke gürleyebilir, ama barış devam eder,
Yıldız parçaları, tanık olduğumuz kıyılar.
Her dirençli yıldız, kazınmış bir hikaye olsun,
Karanlıkta, ışık bir geçit olabilir.
Her kalp atışında, bilge bir ısrar,
Yıldız patlamaları, fırtınadaki takımyıldızlar.

Dirilen Şafak

Savaşın kargaşasının ortasında, yeniden doğan bir şafak,
Umut kırıntıları delip geçiyor, parıltılar ortaya çıkıyor.
Karanlık yayılabilir ama ışık devam eder,
Şafak patlamaları, tanık olduğumuz tatlı şeyler.
Gecenin çığlıklarının solduğu girintilerde,
Gizli yıldızlar, kırılan ışıklar.
Terör hüküm sürebilir ama sükunet devam eder,
İnsanlığın yansımaları, izlediğimiz yıldızlar.
Yoğun karanlıkta birbirini arayan eller,
Dayanışma kırıntıları, umut parıltıları.
Nefret kükreyebilir ama sevgi devam eder,
Şafak patlamaları, tanık olduğumuz jestler.
Nehirlerin yankıları barış mırıltıları taşır,
Huzur anları, sükûnet dalgaları.
Öfke kükreyebilir, ama uyum devam eder,
Şafak patlamaları, izlediğimiz nehirler.
Her dirilen şafak yenilenen bir söz olsun,
Karanlıkta, güzellik açılmış bir kanat olabilir.
Her kalp atışında, bilge bir direnç,
Şafak patlamaları, fırtınayı aşan parıltılar.

10. Çocuk Sesleri
Sönmüş Sesler

Savaşın parçaladığı sokakların yankısında,
Çocuk sesleri, ışığın yumuşak fısıltıları.
Kayıp masumiyet, karanlık kader tarafından kucaklandı,
Sabahları kaybolan rüyaların sessiz şarkıları.
Gölge tiyatrosundaki küçük askerler,
Gözleri, gölgede boğulmuş yıldızlar.
Oyun acının dansına dönüşür,
Kahkahaları, gözyaşları içinde geçen bir çocukluğun yankıları.
Çocuk sesleri, kırılgan ve titrek,
Şaşırtıcı vahşetin boğduğu çığlıklar.
Oyuncakların yerini ağır silahlar aldı,
Hayaller soluyor, donuk bir hüzün.
Çocuk oyunları, bir zamanlar kahkahalarla dolu sokaklar,
Kaderin iç çektiği savaş alanları haline geldi.
Çocuk sesleri, sessizlikteki çığlıklar,
Acının şarkıları, masumiyetin senfonisi.
Bu zalim tiyatroda çocuk askerlerin dramı,
Onların kısık sesleri, cennete hüzünlü bir veda.
İnsanlık bu yırtık seslere kulak versin,
Böylece bir gün çocukların hayalleri yeniden doğabilir.

Kırık şarkılar

Masumiyetin kaybolduğu karanlığın kalbinde,
Çocuk sesleri, çelikten şarkılar.
Kahkahaları, silahsızlandırılmış bir çocukluğun yankıları,
Silahların çarpışmasında, silahsız bir melodi.
Acı balesinde küçük askerler,
Çocuk sesleri, aciliyet çığlıkları.
Onların oyunları, sonsuz gecedeki gölgeler,
Çocukluk acımasız bir öfkeyle yok oluyor.
Çocuk askerlerin kırık şarkıları yankılanıyor,
Hüzünlü melodiler, titreyen yıldızlar.
Gözleri, soluk ışık parıltıları,
Savaş arenasında, kucaklanmış bir masumiyet.
Çocuk sesleri, sisin içinde fısıltılar,
Umutları, tüketen gecenin içindeki kırıklar.
Silahların oyunu sabahın kahkahasının yerini alıyor,
Bu çocuk dramında, masumiyet yolda.
O, çocuk askerlerin acısı, engellenen kaderler,
Onların kırık şarkıları, karanlıkta bir ağıt.
Dünya onların yaralı seslerini duysun,
Böylece bir gün çocuklar yeniden yaşayabilir.

Solmuş Umut Korosu

Yırtık gökyüzünün altında çocuk sesleri yükseliyor,
Kapanan gölgelerde bir masumiyet korosu.
Ama savaş onların şarkılarını, tatlı melodilerini alıp götürüyor,
Çocukların kahkahaları rezilliğin çığlıklarına dönüştü.
Küçük askerler, zina dolu bir dünyada kayboldular,
Çocuk sesleri, gizemdeki yankılar.
Gözleri, şiddetle kararmış yıldızlar,
Silahların kasırgasında, zalim bir uyumsuzluk.
Solmuş umut şarkıları, zayıflamış fısıltılar,
Çocuk askerler, unutulmaya yüz tutmuş hayaller.
Onların oyunları, acı tozun içindeki gölgeler,
Masumiyet, sessiz, geçici bir kurban.
Çocuk sesleri, ıssız gecede çığlıklar,
Fırtınanın söndürdüğü çocukluk mumları.
Geçmişin hayalleri, uzaktaki kırıklar,
Çocuk askerlerin trajedisi, sonu olmayan bir trajedi.
Dehşet içinde sönen umudun korosu,
Dünya bu sesleri, bu çığlıkları duysun.
Böylece bir gün masumiyet yeniden doğabilir,
Ve çocuklar şefkati yeniden keşfedebilir.

Sessiz Litani

Sönen yıldızların altında çocuk sesleri yankılanıyor,
Kanayan gölgelerde sessiz bir ayin.
Kahkahaları karanlık sokaklarda yankılanıyor,
Çocukluğun şarkıları delilikle boğuldu.
Belirsizliğin balesindeki küçük askerler,
Çocuk sesleri, endişe mırıltıları.
Gözleri, çalınmış masumiyetin parçaları,
Silahların dansında, örtülü bir hüzün.
Çocukların gözyaşları, kumdaki inciler,
Bu dengesiz dünyada sessiz çığlıklar.
Oyunları, neşenin kalıntıları yok oldu,
Masumiyet, geçmiş zamanın bir kurbanı.
Çocuk sesleri, rüzgarda fısıltılar,
Kaçan rüyalar, azap parçaları.
Parçalanmış umutlar, sıkıntı içindeki yıldızlar,
Çocuk askerlerin trajedisi, acımasız sıkıntı.
Ey sıkıntı içindeki kalplerin sessiz litanyası,
Dünya bu sesleri, bu zayıflıkları duysun.
Böylece bir gün barış okşayacak,
Ve çocuklar yeniden neşe bulacak.

Büyülü şafak şarkısı

Yıldızlı gökyüzünün altında, çocuk sesleri fısıldıyor,
Büyülü bir şafak şarkısı, süren sessizlikte.
Kahkahaları, kalıcı masumiyetin yankıları,
Çocukluğun melodileri, zarif bir direniş.
Savaşın gölgesinde kaybolmuş küçük askerler,
Çocuk sesleri, ölüm sancıları içinde fısıltılar.
Gözleri, berraklığı arayan yıldızlar,
Çatışmanın karanlığında, ebedi bir ışık.
Büyülü bir şafağın şarkıları, ufukta vaatler,
Çocuk askerler, kaynayan hayaller.
Onların oyunları, yıldızlı gecede neşe patlamaları,
Masumiyet, ebedi bir yıldız, asla örtülmez.
Çocuk sesleri, şafakta mırıltılar,
Çocukluğun mumları hala yolu aydınlatıyor.
Devam eden hayaller, sıkıntıdaki yıldızlar,
Çocuk askerlerin trajedisi, bir şefkat arayışı.
O, çocukların kalplerinde büyülü bir şafağın şarkısı,
Bırakın dünya bu şarkıları dinlesin.
Böylece bir gün savaş yerini dansa bırakacak,
Ve çocuklar çocukluğun tatlılığını yeniden keşfedebilirler.

11. Cinsel Şiddetin Bir Savaş Yöntemi ve Terör Stratejisi Olarak Kullanılması

Çok yönlü yaralar

Gecenin örtüsü altında, acının yankıları,
Doğu'daki kadınların acıları sürüyor.
Toplu tecavüz, kalpsiz bir savaşın suçları,
Hırpalanmış bedenleri dehşetten yara bere içindeydi.
Hem etleri hem de ruhları parçalanmıştı,
Acımasız çifte ceza, bir dram parıltısı bırakıyor.
Bazen reddedilirler, sevdikleri tarafından terk edilirler,
Utanç ağırlığı, ağır bir ağlama yükü.
Ortaklar kaçar, topluluklar sessizliğe gömülür,
Mahrem acıları sessizliğe gömülür.
Virüs bulaşmış, vahşi bir tecavüzün damgası,
AIDS ölümcül bir kötülük ekleyerek içeri sızar.
Yankılar acı vadilerinde yankılanır,
Kırılmış kadınlar, ama güçleri devam ediyor.
Karanlığın içinde bir direnç parıltısı varlığını sürdürüyor,
Hayatta kalanların sesleri, kurtuluş için haykırıyor.
Bedenlerin ötesinde, zihinlerdeki savaş,
Ancak unutulmuşlukta bile direnç ortaya çıkar.
Bu kadınlar, evcilleşmemiş gücün taşıyıcıları,
Dayatılan acıya rağmen umudu yükseltin.

Acının Yankıları

Dehşet perdesinin altında, acının yankıları,
hırpalanmış ruhlar, kalpsiz bir savaşın kurbanları.
Zalim bir silah olan tecavüz, zamanın dokusunu yırtıyor,
Çocuklar, kadınlar, bebekler, işkencenin gölgesinde.
Dr. Mukwege, merhamet dolu bir kalbe sahip bir doktor,
Yaraları iyileştirir, bir umut ışığı sunar.
Ruhun cerrahı, inatçı karanlıkta,
Saygınlığı geri kazandırır, kibirli şiddetle savaşır.
Kurbanların sessiz çığlıklarının ortasında,
Onların mahrem hikâyelerinin taşıyıcısı olur.
Ameliyathanesi, sessiz bir direniş yeri,
Kayıtsızlığa karşı değerli bir ses yükseltiyor.
Kazınmış yaralar, sessiz tanıklıklar,
Çığlıkları gizli kalan ruhlara ses veriyor.
Dr. Mukwege, kırık hayallerin koruyucusu,
Onun bağlılığı, karanlığın içinde bir ışık.
Her dikişte, bir isyan eylemi,
Alçaklığa, nefrete ve baskıya karşı.
Ölçüsüz sevgisi, barışçıl bir silah,
Şiddet karşısında, kahramanca bir siper.

Direncin Şafağı

Tecavüzlerin gecesinde, bir direnç şafağı,
Parçalanmış kadınlar ve çocuklar kurtuluş arayışında.
Dr. Mukwege, keder denizinde bir fener,
Yaraları iyileştirir, sahneye yeni bir soluk getirir.
Sessizliklerin ve boğuk çığlıkların ağırlığı altında,
Mağdurlar zulme meydan okuyarak ayağa kalkıyor.
Dr. Mukwege, karanlıkta bir rehber,
Ruhları onarıyor, yeni bir berraklık sunuyor.
Hastanenin karanlık koridorlarında,
Direncin yankıları, yaşamsal bir ilahi.
Eller kenetlenmiş, kararlı bakışlar,
Her iyileşme bir devrime dönüşür.
Doktor, anlatılamaz olanın sessiz tanığı,
görünmez olanın ortasında umut köprüleri kurar.
Her yara izi cesaretin işaretidir,
Teröre karşı zamansız bir yanıt.
Hemşirelerin ve doktorların balesinde,
İyileşmenin sonsuz senfonisi.
Dr. Mukwege, iyileşmenin orkestra şefi,
Bir misyon olan direncin müziğini besteliyor.

Hayatta Kalanlar Bahçesi

Hayatta kalanların bahçesinde kırılgan çiçekler açar,
Zor anılara rağmen çiçek açıyor.
Dr. Mukwege, hak edilmiş bir barışın bahçıvanı,
Kırık geçmişe rağmen umut eker.
Yapraklar geçmişin yaralarını taşır,
Ancak her bir tomurcukta güç kök salmıştır.
Dr. Mukwege, bir rönesansın mimarı,
Kadınlara güç ve dayanıklılık verir.
Acı ve keder çalıları arasında,
tomurcuklar çiçek açar, sonsuz bir yenilenme.
Her kadın, bu eşsiz bahçede bir külçe,
Dr. Mukwege, rehber, netliği hayata geri getiriyor.
Kökler toprağın derinliklerine dalıyor,
Gelişen içsel gücü simgeliyor.
Dr. Mukwege, her hareketiyle, her tedavisiyle,
Bir aşk şiiri yazar tenine, nazik bir nakarat.
Bahçenin yolları, umut ve cesaretle örülmüş,
Her adım bir çalışma mesajı gibi yankılanıyor.
Dr. Mukwege, bu kutsal alanın mimarı,
Yaşam ve ışık için bir anıt diker.

Adaletsizliğin Çığlığı

Parçalanmış Doğu'nun ısrarlı gölgesi altında,
Adaletsizliğin çığlığı, kök salmış terör.
Otuz yıllık çatışma, kasvetli bir bale,
Bedenlerin aktör olduğu bir ölüm dansı.
Ekonomik bağlar, bir acı kaynağı,
Kanlı cevher, dehşetin tohumu.
Ruanda, bu trajedinin önemli bir oyuncusu,
İstikrarsızlaştırma, yağma, bir senfoni.
Cinsel şiddet, onursuz bir silah,
Savaş yöntemi, rahatsız edici terör.
Çürük bedenler, kırık ruhlar, cennete haykırışlar,
İnsanlık ihanete uğradı, bu artçı etkiler vadisinde.
Birleşmiş Milletler, yazılı dramın tanıkları,
Her katta belgelenen ihlaller.
Mahremiyetin bir savaş alanına dönüştüğü bir terör stratejisi,
Karanlık yarığın gölgesinde ayaklar altında çiğnenen haysiyet.
Bırakın dünya bu çığlıkla, bu ulumayla yankılansın,
Suçlular merhametsizce yargılansın.
Kurbanlar ışığı bulsun,
Bu kabus, bu acı savaş sona ersin.

12. Uluslararası toplumun suç ortağı sessizliği.

Demokratik Kongo Cumhuriyeti: Unutulmuş soykırım

Doğu Kongo'nun yıldızlı gökyüzünün altında,
Ağır, ağır, karanlık ve buz gibi bir sessizlik.
Acımasız bir soykırım, dünyaya haykırıyor,
Ama dünya kayıtsız, öylece duruyor.
Toprak kayıp ruhlar için ağlıyor,
Masumların kanı, toprak tarafından emilir.
Ama uluslararası güç koridorlarında
Sessizlik hüzünlü bir koro gibi hüküm sürüyor.
Raporlar yığılıyor, soğuk ve suçlayıcı,
Dokunaklı tanıklıklar, ama duyulmuyorlar.
Sözde toplum uzaklara bakıyor,
sessiz soykırıma alışmış gibi görünüyor.
Acı çığlıkları, ulumalar görmezden geliniyor,
Yas tutan Doğu Kongo gölgede kaldı.
Diplomasi boş söylemlere hizmet ediyor,
Acı devam ederken, her zaman açgözlü.
Dağlar suçlu bir sessizlikle yankılanıyor,
Nehirler yılmaz efsaneler mırıldanıyor.
Ama uluslararası toplum, suç ortağı sessizliğiyle,
Soykırımı kendi yapay tarihi içinde gizliyor.
Kaybedilen hayatlar, parçalanan aileler için ne söylenebilir?

DEMOKRATIK KONGO CUMHURIYETI'NIN DOĞUSUNDAN YANKILAR: SÜREKLI SAVAŞ ÜLKESINDEN ŞIIRLER.

Sessizlik devam ediyor, adaletsizlik kökleşiyor.
Doğu'daki soykırım gölgeler içinde uzayıp gidiyor,
Sessizliğin ağırlığı altında, büyük Kongo ağlıyor.

61

Sessizliğin Yankıları

Dünyanın pelerininin altında, ağır bir sessizliğin yankısı,
Kongo'nun doğusunda, çığlıklar o an görmezden geliniyor.
Uluslararası toplumun gözleri bağlı,
netlikten yoksun bir trajedinin suç ortağı haline gelir.
BM raporları Ruanda'nın gölgesini kınıyor,
M23'e destek, karanlık bir destan.
Çifte standart, sahnede seçici yardım,
Ukrayna alkışladı, Kongo acı içinde.
Dünyanın pelerini altında, sessizlik saltanatını uzatıyor,
Dikkatsizliğin dans ettiği yerde, trajedi onun yoldaşıdır.
Doğu Kongo'nun çığlıkları, unutulmuşlukta kayboldu,
Kayıtsız kalan uluslararası toplum geri çekilir.
Kayıtsızlığın iplikleri karanlık bir ağ örüyor,
Kongoluların hayatları, gölgelerdeki pazarlık kozları.
BM raporları ifşa ediyor ama dünya yüz çeviriyor,
Her sessizliğin yankılandığı kolektif körlük.

İlgisizlik Mevsimleri

Mevsimler değişir ama ilgisizlik devam eder,
Doğu Kongo'da masumiyet direniyor.
Uluslararası toplum, dilsiz bir kukla,
Çıkarların ve gizli ittifakların ağırlığı altında.
Ukrayna, mercek altında küresel bir trajedi,
Kongo gölgeler arasında unutulurken.
BM raporları, çöldeki çığlıklar gibi,
Çifte standart, konserde üzücü bir gerçeklik.
Mevsimler değişir, ilgisizlik devam eder,
Kongoluların hayatları, listede önemsiz bir para birimi.
Uluslararası kukla sahnede dans ediyor,
Kongo, ihmal edilmiş bir gölge, hüzünlü bir sahne.
Karanlık çıkarlar dikte ediyor, çifte standart zafer kazanıyor,
Ukrayna spot ışıkları altında, Kongo gölgede.
BM raporları tanıklık ediyor ama sesler boğuk çıkıyor,
Her sessizliğin boğduğu ısrarcı körlük.

Diplomatik maskeli balo

Dünya sahnesinde, diplomatik bir maskeli balo,
Doğu Kongo'da siyasi kayıtsızlık.
Uluslararası toplum, sahte bir aktör,
Ruanda, M23, gölgeler içinde, bir ağıt.
Ukrayna, yardım sahnesi ilan edildi,
Kongo, perde arkasında görmezden gelinen bir trajedi.
BM raporları, duygusuzca çevrilen sayfalar,
Çifte standart, trajik bir yasa.
Dünya sahnesinde bir maskeli balo oynanıyor,
Diplomasi kılığına bürünmüş kayıtsızlık bizi çiviliyor.
Uluslararası toplum, sahte bir aktör,
Ruanda, M23, kucaklayıcı bir trajedi.
Israrlı ihmal, çifte standart devam ediyor,
Ukrayna aydınlıkta, Kongo hüzünlü siste.
BM raporları, silinmiş tarih sayfaları,
Diplomatik körlük, uzun süreli trajedi.

Uluslararası ikiyüzlülük

Sahte diplomasinin yıldızlı gökyüzünün altında,
Avrupa Birliği, gölgeli rolünde.
Hesaplanmış bir alaycılıkla imzalanan mutabakat zaptı,
Çatışma mineralleri AB tarafından övüldü.
Sözde "sürdürülebilir" ve "esnek" değer zincirleri,
Bir maskaralık, bir maske, güçsüz bir cephe.
Gerçekte kanla lekelenmiş hammaddeler,
AB yasadışı ticaretten ellerini yıkıyor.
Kongo'daki çatışmanın temelinde ekonomik bir oyun yatıyor,
30 yıllık acı, sistemik bir dram.
Madenler ve savaş arasındaki inkar edilemez bağlantı,
Sessiz bir suç ortağı olan AB, sefaletin gelişmesine izin veriyor.
Demokratik Kongo Cumhuriyeti'nin doğusu ebedi bir trajediye sahne olmaktadır,
Dünya savaşının kendisinden bile daha ölümcül.
Ruanda, bu ürkütücü senaryonun kilit oyuncularından biri,
AB'nin anlaşması örtülü ve kaçamaktır.
Kaynakların sömürülmesi, tanıdık bir trajedi,
Cinsel şiddet ve terör çıplak bir gerçekliktir.
AB çifte standartları görmezden geliyor,
İkiyüzlülüğün ağırlığı altında dünya sessizliğe gömülür, utanır.

13. Demokratik Kongo Cumhuriyeti'nin Paradoksu: Zengin ve Fakir!

Zenginliğin Laneti

Demokratik Kongo Cumhuriyeti'nin gökyüzünün altında, yeryüzü hazinelerini sunar,

Zalim bir paradoks, acımasız bir lanet.

Değerli madenler, gökyüzünün altında yemyeşil ormanlar,

Ama zenginlik ölümcül bir yüke dönüşür.

Toprakta bol miktarda elmas ve imrenilen koltan var,

Yine de sefalet devam ediyor, umutlar ayaklar altında çiğneniyor.

Bolluk paradoksu, örülmüş karanlık bir ağ,

Zenginlik bir zincir haline gelir, yoksulluk ezilir.

Yabancı açgözlülüğü fırtına gibi esiyor,

Komşular, çok uluslu şirketler, fethetmeye hevesliler.

Verimli topraklar, gizli hazinelerle dolu toprak altı,

ülkeyi paramparça bırakarak tüm hırçınlığı üzerine çekiyor.

Sürekli savaşlar, bitmek bilmeyen çatışmalar,

Toprağın meyveleri bugünün kötülükleri haline gelir.

Kaynakların laneti, karmakarışık bir yük,

Kongo Demokratik Cumhuriyeti yıldızlı bir gökyüzünün altında bitkin bir halde kan ağlıyor.

Kongolu Toprağın Ağıtları

Kongo toprağı, şarkı söyleyen bir jeolojik şiir,
Ancak kıtalar hüzünlü bir ağıtı gözler önüne seriyor.
Değerli madenler, yer kabuğunun altında gömülü zenginlikler,
Yine de refah tatlı bir ütopya olmaya devam ediyor.
Altın, koltan, elmas, imrenilen hazineler,
Açgözlü ellere ve acı dolu kaderlere düşmek.
Bolluk paradoksu, uğursuz bir ironi,
Zenginlik kötüdür, uğursuz bir lanettir.
Bereketin beşiği olması gereken topraklar,
Hüzünlü bir dansa sahne oldu.
Sınırlar parçalandı, akbabalar havalandı,
Zenginlik zincirlere, zincirlere dönüşür.
Çokuluslu şirketler doymak bilmez bir iştahla besleniyor,
Komşular pençelerini keskinleştiriyor, acımasız bir arayış.
Toprak inliyor, gözyaşları toprağı gübreliyor,
Paradoks devam ediyor, hüzünlü bir ölümsüz hikaye.

Kongo toprak altının trajik mirası

Kongo toprağının örtüsü altında, dram ortaya çıkıyor,
Gömülü zenginlikler, ama acı büyüyor.
Toprak altı, lanetli bir hazine, kaderi zincirliyor,
Zenginlik nehirleri akıyor ama sefalet devam ediyor.
Bolluk paradoksu, zalim kader,
Kaynaklar kutsanmalıdır, ancak gerçek gariptir.
Altın, bakır, toprağa kök salmış mücevherler,
Ancak Kongo halkı sefaletin yükünü taşıyor.
Sınırlar çiziliyor, savaşlar yapılıyor,
Zenginlik, savaşların ve kayıpların nedeni haline gelir.
Yabancı akbabalar göklerde süzülür,
Yeraltının zenginlikleri karanlık bir ritüeli besliyor.
Çokuluslu şirketler yağmalıyor, güçlüler zenginleşiyor,
Paradoks devam ediyor, ülke kuruyor.
Toprak, trajik mirasının ağırlığı altında inliyor,
Demokratik Kongo Cumhuriyeti, bir zenginlik serabının tutsağı.

Modern silikonda çocuk kanı

Kongo topraklarının derinliklerine masum çocuklar iniyor,
Zorunluluğun gölgesi rehberliğinde, madenlere uzanıyorlar.
Koltan, karanlık bir hazine, parlak ekranlarımız için imrenilen,
Ancak çıkarılması değerli hayallerin kanıyla lekelenmiştir.
Telefonlar parlıyor, bilgisayarlar çağımızı aydınlatıyor,
Yine de bu ekranların ardında masumiyet tozun içinde kayboluyor.
Çocuklar, küçük madenciler, gelecek onların ellerinde,
Ancak koltan zincirleri onları karanlık bir kaderin içinde tutuyor.
Modern paradoks, teknoloji damgasını taşıyor,
Her çağrı, her mesaj, anlatılan kanla renkleniyor.
Madenin derinliklerindeki çocukların boğuk çığlıkları,
sessizlikte yankılanıyor, uğursuz bir senfoni, donuk bir kavrama.
Koltan, lanetli cevher, parlak ilerleyişimizi lekeliyor,
Kırılgan çocuklar, bu ışıltılı madenlerin farkında olmayan kahramanları.
Parmaklarımızın altında, çocukların kanı ekrana nüfuz ediyor,
Modern teknoloji, dürtülerimizin karanlık bir yansıması.
Ekranların ışıltısı mağaraların karanlığını maskeliyor,
Işıksız çocukların koltan çıkardığı yer, iç acısı.
Modern ilerleme, Afrika toprakları üzerinde hüzünlü bir gölge,
Kongolu çocukların kanı, zincirin üzerinde silinmez bir leke.

Kongoluların Yükü

Kongo'nun çürük gökyüzünün altında lanet devam ediyor,
Kaynaklar bol ama barış zor.
M23 yeniden ortaya çıkıyor, Ruanda ordusuyla dans ediyor,
Bir saldırı savaşı, Kongoluların acısı.
Avrupa Birliği, ekonomik arayışında,
alaycı bir ortaklık içinde bağlarını güçlendiriyor.
Açık bir çelişki, tutarlılık sarsıldı,
İnsan hakları ayaklar altında çiğneniyor, AB kendini inkâr ediyor.
Sakharov Ödülü, haysiyet için bir çağrı,
Ancak politika tüm saçmalığıyla devam ediyor.
Özen yükümlülüğü, ihmal edilmiş bir düzenleme,
Tedarik zincirleri, düzenlenmiş bir aptallar oyunu.
Yeşil geçiş, kırmızıya boyanmış bir rüya,
Kongoluların kanı, tufan halindeki doğa.
Kadınlar ve çocuklar, kurbanlar,
Topraklar yabancı çıkarlar için yağmalanıyor.
Kongo, zengin bir mücevher, bir acı kaynağı,
Diğer uluslar bundan beslenir, insanlar zahmet çeker.
Barışı, adaleti ve umudu seven yurttaşlar,
Çağrıyı duyun, rotayı değiştirin, saat karanlık.
Gelecek seçimlerde, seçimin gücü,
Zincirleri kırın, Kongo'ya sesini geri verin.
Kaynakların laneti silinsin,
Ve Kongo halkı yeniden yerini bulsun.

SONUÇ

Bu şiirsel yolculuğun sonunda, her sayfa rüzgârın taşıdığı bir yaprak gibi dönerken, kendimizi bu "Demokratik Kongo Cumhuriyeti'nin Doğusundan Yankılar "ın ufkuna bakarken buluyoruz. Bu şiirler, duyguların takımyıldızları gibi, yıldızların hem hüzün hem de umutla parladığı, iç içe geçmiş hikayelerden oluşan bir gökkubbe gibi gözlerimizin önünde açılıyor.

Bu yolculuğun sonunda, sürekli savaş halindeki bu toprakları işaret eden görünür ve görünmez yaraları görmezden gelmek mümkün değil. Her bir şiir, her bir dize, dile getirilemez olana ses vermek, etraflarını saran karanlığa rağmen varlığını sürdüren ruhların direncine saygı göstermek için cesur bir girişimdi.

Solan bir melodinin son notaları gibi, bu koleksiyon da sona eriyor ama yankıları sürüyor. "Demokratik Kongo Cumhuriyeti Paradoksu: Zengin ve Yoksul" düşüncelerimizde yankılanıyor ve bizi kaynaklar açısından zengin ancak savaş nedeniyle yoksullaşmış bir ülkenin çelişkileri ve süregelen zorlukları üzerine düşünmeye davet ediyor.

Bu sonuç, sürekli düşünme, artan farkındalık ve olumlu eylem için bir başlangıç noktası olsun. Bu sayfalarda yankılanan şiirler sadece kağıt üzerindeki kelimeler değil, eylem çağrıları, dayanışma davetleri ve barış çığlıkları olsun.

Bu şiirler kolektif vicdanın bahçesine ekilen tohumlar gibi, savaşın yankılarının barışın huzur veren mırıltısıyla bastırılacağı bir gelecekte çiçek açmak üzere yavaş yavaş filizlensin. Bu dizeler, Demokratik Kongo Cumhuriyeti'nin doğusunun nihayet hak ettiği barışın tadını çıkarabileceği bir geleceğe doğru yolumuzu aydınlatan fenerler olsun.

MARIEN-EDGARD NGBALI BEMI

Bu derlemeyi kapatırken, her okuyucunun artık bu hırpalanmış topraklardan bir parça taşıdığını unutmayalım. Bu şiirlerden doğan empatinin somut eyleme dönüşmesi, kelimelerin yankısını somut bir değişime dönüştürmesi dileğiyle.

Bu koleksiyonun son sayfası bir son değil, şefkat, adalet ve şiirin farklı bir hikâye, bir yeniden inşa ve direnç hikâyesi anlattığı bir gelecek inşa etmeye yönelik yenilenmiş bir bağlılığın başlangıcı olsun.

Don't miss out!

Visit the website below and you can sign up to receive emails whenever Marien-Edgard Ngbali BEMI publishes a new book. There's no charge and no obligation.

https://books2read.com/r/B-A-AYAEB-BSAED

BOOKS2READ

Connecting independent readers to independent writers.

Did you love *Demokratik Kongo Cumhuriyeti'nin Doğusundan Yankılar: Sürekli Savaş Ülkesinden Şiirler.*? Then you should read *DE L'ÉTAT DE NATURE À L'ÉTAT DE SOCIÉTÉ Problématisation de la dialectique civilisatrice dans le "Discours sur l'origine et les fondements de l'inégalité parmi les hommes" de Jean-Jacques Rousseau.*[1] by Marien-Edgard Ngbali BEMI!

[2]

Plongez-vous dans l'univers captivant de "DE L'ÉTAT DE NATURE À L'ÉTAT DE SOCIÉTÉ", une exploration profonde de la pensée de Jean-Jacques Rousseau à travers son célèbre "Discours sur l'origine et les fondements de l'inégalité parmi les hommes". Découvrez les méandres de la dialectique civilisatrice, du paradis perdu de l'état de nature aux tumultes de la société.

---

1. https://books2read.com/u/3k9VVO

2. https://books2read.com/u/3k9VVO

Suivez Rousseau dans sa retraite méditative dans la forêt de Saint-Germain, où il trace fièrement l'histoire des premiers temps. Plongez-vous dans son analyse subtile des petits mensonges humains, de la déformation du naturel, et de la prétendue perfection qui devient la source des maux de l'humanité.

Le livre expose une critique sociale et politique profonde, passant de la dégradation des mœurs dans le "Discours sur les sciences et les arts" à la problématisation de l'inégalité dans le "Discours sur l'origine et les fondements de l'inégalité parmi les hommes". L'auteur nous guide à travers la construction de la pensée rousseauiste, de son anthropologie à son éthique, tout en explorant les concepts clés tels que l'état de nature, la dialectique civilisatrice, et le vrai contrat social.

Le plaidoyer pour une société légitime et juste résonne à travers les pages, invitant le lecteur à repenser les normes économiques, à explorer des alternatives équitables et à réévaluer les fondements des sociétés modernes.

Cette œuvre propose une réflexion actuelle et pertinente sur les inégalités contemporaines, offrant une vision stimulante et inspirante pour ceux qui cherchent à comprendre et à transformer notre monde. Plongez dans ce voyage intellectuel, revisitez Rousseau et percevez la pertinence de sa pensée dans notre société d'aujourd'hui. Achetez votre exemplaire dès maintenant pour une exploration enrichissante de la philosophie de l'inégalité.

Also by Marien-Edgard Ngbali BEMI

Échos de l'Est de la République Démocratique du Congo : Poèmes d'une Terre en Guerre Perpétuelle.

Ecos do Leste da República Democrática do Congo: Poemas de uma Terra de Guerra Perpétua.

Echi dall'est della Repubblica Democratica del Congo: poesie da una terra di guerra perpetua.

Demokratik Kongo Cumhuriyeti'nin Doğusundan Yankılar: Sürekli Savaş Ülkesinden Şiirler.

About the Author

Marien-Edgard Ngbali Bemi, Türkiye'de British International School İstanbul'da Fransızca öğretmeni ve bilgi teorisi koordinatörüdür. Çeşitli ülkelerde çeşitli okul dersleri vermiştir: Demokratik Kongo Cumhuriyeti, Birleşik Krallık ve Türkiye. Demokratik Kongo Cumhuriyeti, İtalya ve Birleşik Krallık'ta eğitim görmüştür. Çok dilli olan ve birçok dili akıcı bir şekilde konuşabilen yazar, teoloji alanında lisans derecesi ve felsefe ve eğitim alanında çift yüksek lisans derecesi de dahil olmak üzere çeşitli üniversite derecelerine sahiptir. Aynı zamanda çeşitli makale ve kitapların yazarıdır.

www.ingramcontent.com/pod-product-compliance
Lightning Source LLC
Chambersburg PA
CBHW060443160726
47992CB00003B/1059